Athanase ZOGO

PRÊTRE A L'IMAGE DE MELCHISEDEK

Athanase ZOGO

PRÊTRE A L'IMAGE DE MELCHISEDEK

Éditions Croix du Salut

Imprint
Any brand names and product names mentioned in this book are subject to trademark, brand or patent protection and are trademarks or registered trademarks of their respective holders. The use of brand names, product names, common names, trade names, product descriptions etc. even without a particular marking in this work is in no way to be construed to mean that such names may be regarded as unrestricted in respect of trademark and brand protection legislation and could thus be used by anyone.

Cover image: www.ingimage.com

Publisher:
Éditions Croix du Salut
is a trademark of
Dodo Books Indian Ocean Ltd. and OmniScriptum S.R.L publishing group

120 High Road, East Finchley, London, N2 9ED, United Kingdom
Str. Armeneasca 28/1, office 1, Chisinau MD-2012, Republic of Moldova, Europe
Printed at: see last page
ISBN: 978-620-6-17064-8

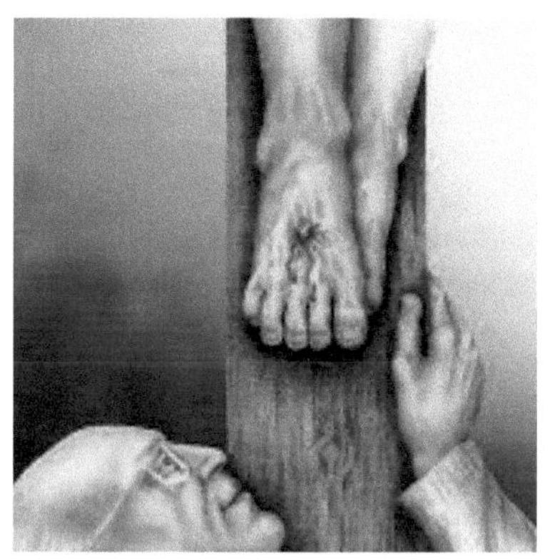

PRÊTRE A L'IMAGE DE MELCHISEDEK

EV. ATHANASE ZOGO MVOGO

AVANT-PROPOS

Prière pour les vocations et les missions

O JESUS, BON PASTEUR, accueille notre louange et notre humble remerciement pour toutes les vocations que, par ton Esprit, tu donnes continuellement à ton Eglise.

Assiste les apôtres, les prophètes, les évangélistes, les pasteurs, les enseignants et toutes les personnes consacrées : fais qu'ils donnent l'exemple d'une vie vraiment évangélique.

Rends forts et persévérants dans leur résolution ceux qui se préparent au ministère sacré et à la vie consacrée.

Multiplie les ouvriers de l'Evangile pour annoncer ton Nom à toutes les nations… Donne à tous les appelés la force de tout laisser pour ne choisir que Toi qui es l'Amour.

Pardonne les non-correspondances et les infidélités de ceux que tu as choisis.

Ecoute, ô Christ, nos invocations.

Jean Paul II (prière réajustée)

« L'Ange de Tobie », Le Chalet, pages 206-207, 1995

SOMMAIRE

Introduction : Le Mystère de Melchisédek

Le personnage de Melchisédek, bien que relativement discret dans les Écritures, incarne un mystère profond et significatif qui résonne à travers les âges. Son apparition dans la Bible est brève, mais elle laisse une empreinte durable et influence largement la théologie chrétienne et juive. Cette introduction vise à explorer la figure de Melchisédek, sa signification et son impact, tout en mettant en lumière pourquoi ce personnage est devenu un symbole clé du sacerdoce éternel.

Melchisédek apparaît pour la première fois dans Genèse 14, lors de la rencontre entre Abraham et lui après la victoire d'Abraham sur les rois de la région. Melchisédek est décrit comme le roi de Salem (qui sera plus tard Jérusalem) et prêtre de Dieu Très-Haut. Ce personnage est remarquable par sa dualité de rôles – roi et prêtre – ce qui était inhabituel dans la culture de l'époque, où ces fonctions étaient généralement séparées. La rencontre se déroule après une victoire militaire, et Melchisédek apporte du pain et du vin, bénissant Abraham et louant Dieu pour la victoire. Ce moment de bénédiction et de communion est empreint de symbolisme et de profondeur spirituelle. L'absence de généalogie pour Melchisédek est notable. Il apparaît soudainement sans origine connue, ce qui alimente son mystère et le distingue des figures sacerdotales traditionnelles qui ont des lignées clairement définies.

La figure de Melchisédek est chargée de symbolisme et de signification théologique qui transcende son apparition biblique initiale. En tant que roi de Salem et prêtre de Dieu Très-Haut, Melchisédek combine deux rôles qui, dans la tradition juive, sont habituellement distincts – le sacerdoce lévitique est distinct du règne. Cette combinaison souligne un ordre sacerdotal supérieur et distinct. L'acte de bénédiction et l'offrande de pain et de vin par Melchisédek sont des éléments préfigurant le sacrement chrétien de la Sainte-Cène, reliant le mystère de Melchisédek à la liturgie chrétienne.

Melchisédek n'apparaît pas seulement dans Genèse. Sa figure est évoquée dans d'autres parties de l'Ancien Testament, notamment dans les Psaumes. Le Psaume 110 fait référence à un prêtre pour toujours à l'ordre de Melchisédek, établissant un lien entre Melchisédek et la royauté messianique. Cette référence renforce l'idée d'un sacerdoce éternel et divin. Dans la tradition juive, Melchisédek est parfois associé à des idées de sagesse et de justice, et son image a été interprétée comme une figure royale idéale. La figure de Melchisédek trouve une place centrale dans le Nouveau Testament, particulièrement dans l'Épître aux Hébreux, où elle est utilisée pour illustrer le sacerdoce de Jésus-Christ. Tandis que Jésus est décrit comme prêtre selon l'ordre de Melchisédek, un sacerdoce supérieur au sacerdoce lévitique. Cette affirmation soulignant la nature éternelle et universelle du ministère de Jésus ; Melchisédek est vu comme un type de Christ, offrant un modèle de sacerdoce et de royauté qui préfigure la mission et la nature éternelle du Christ.

Ce livre vise à explorer en profondeur le mystère de Melchisédek et son influence sur la théologie chrétienne. Les objectifs incluent de comprendre les caractéristiques uniques du sacerdoce de Melchisédek et son rôle dans l'histoire biblique, d'analyser comment la figure de Melchisédek influence la théologie chrétienne, en particulier à travers le sacerdoce de Jésus-Christ, de réfléchir sur la manière dont les principes associés à Melchisédek peuvent être intégrés dans la vie chrétienne moderne.

En plongeant dans le mystère de Melchisédek, ce livre cherche à offrir une compréhension enrichie de ce personnage énigmatique et de son impact durable sur la foi chrétienne. Ce voyage exploratoire nous permettra de mieux saisir comment le sacerdoce de Melchisédek se connecte aux aspects fondamentaux du ministère de Jésus et comment ces enseignements peuvent guider et inspirer notre vie spirituelle aujourd'hui.

Chapitre 1 : Melchisédek dans l'Ancien Testament

Melchisédek est une figure mystérieuse et fascinante de l'Ancien Testament, qui apparaît brièvement dans le livre de la Genèse mais dont l'impact résonne à travers toute la Bible. Ce chapitre explore les aspects essentiels de Melchisédek dans l'Ancien Testament, mettant en lumière son rôle, son importance, et les implications théologiques de sa présence.

1. Melchisédek dans le Livre de la Genèse

Melchisédek apparaît pour la première fois dans Genèse 14, 18 - 20, lors de la rencontre entre Abraham (alors Abram) et lui après la victoire d'Abraham sur les rois qui avaient capturé son neveu Lot. Abraham, ayant remporté une victoire militaire contre plusieurs rois, revient triomphant et rencontre Melchisédek. Ce dernier est décrit comme le roi de Salem (qui deviendra plus tard Jérusalem) et prêtre de Dieu Très-Haut. Melchisédek apporte du pain et du vin, bénit Abraham, et loue Dieu pour la victoire. Il reçoit d'Abraham une dîme de tout le butin, ce qui souligne la reconnaissance d'Abraham de son autorité spirituelle et royale. La combinaison des rôles de roi et de prêtre chez Melchisédek est inhabituelle dans le contexte biblique, où ces fonctions sont généralement séparées. Melchisédek est à la fois roi de Salem et prêtre de Dieu Très-Haut, indiquant un ordre sacerdotal unique. Les éléments du pain et du vin apportés par Melchisédek ont une signification symbolique importante. Ils préfigurent la Sainte-Cène dans la tradition chrétienne, représentant la communion et la bénédiction divine.

2. Références à Melchisédek dans le Livre des Psaumes

Melchisédek est mentionné dans le Psaume 110, 4, où il est affirmé que le Messie sera « **prêtre pour toujours selon l'ordre de Melchisédek** ». Ce psaume est un hymne royal qui proclame la majesté et la royauté du Messie, tout en faisant une référence importante au sacerdoce de Melchisédek. La déclaration que le Messie sera prêtre pour toujours « selon l'ordre de Melchisédek » souligne une continuité et une supériorité du sacerdoce messianique par rapport au sacerdoce lévitique, qui était temporaire et limité. En associant le Messie à l'ordre de Melchisédek, le psaume indique que le sacerdoce messianique dépasse les limites du sacerdoce lévitique, soulignant une dimension éternelle et universelle. Cette référence a eu une influence importante dans la tradition juive et chrétienne, marquant le sacerdoce messianique comme distinct et supérieur.

3. L'Influence de Melchisédek dans les Écrits Juifs

Melchisédek a également une place importante dans la tradition juive, bien qu'il soit moins développé que dans le christianisme. Dans des écrits comme le Livre d'Hénoch et les écrits de Qumrân, Melchisédek est parfois associé à des idées de sagesse et de justice, et son sacerdoce est vu comme un modèle de leadership spirituel. Melchisédek est décrit comme ayant eu un rôle significatif dans la bénédiction d'Abraham et la transmission des connaissances spirituelles, soulignant son importance dans la tradition juive. Les rabbins ont parfois vu Melchisédek comme un personnage mystérieux avec des attributs messianiques ou préfigurant des aspects de la royauté et du sacerdoce futur. Salem, ou Jérusalem, est vue comme un lieu sacré, et Melchisédek est parfois associé à une préfiguration du temple ou du sacerdoce dans cette ville.

4. Le Sacerdoce de Melchisédek en Contexte

Contrairement au sacerdoce lévitique, qui est héréditaire et limité dans le temps, le sacerdoce de Melchisédek est présenté comme éternel et universel. Melchisédek n'a pas de généalogie, ce qui le distingue des prêtres lévites. La supériorité du sacerdoce de Melchisédek est un thème central, soulignant une connexion directe avec Dieu et une bénédiction universelle qui transcende les limites du sacerdoce traditionnel. La typologie de Melchisédek est essentielle pour comprendre la façon dont le sacerdoce de Jésus est présenté comme étant selon l'ordre de Melchisédek, offrant ainsi une continuité et une réalisation du sacerdoce éternel dans le Nouveau Testament. La figure de Melchisédek sert de fondement pour le concept du sacerdoce universel chrétien, dans lequel chaque croyant est appelé à vivre une vie de médiation, de service, et de communion avec Dieu.

Melchisédek est une figure clé de l'Ancien Testament dont la présence et le rôle vont bien au-delà de ses mentions dans les Écritures. Son sacerdoce, distinct et supérieur à celui des prêtres lévitiques, préfigure un ordre sacerdotal éternel qui trouve sa pleine réalisation dans le ministère de Jésus-Christ. En explorant la signification de Melchisédek dans l'Ancien Testament, nous posons les bases pour comprendre comment son exemple et son sacerdoce influencent la théologie chrétienne et la vie spirituelle des croyants aujourd'hui.

Chapitre 2 : Le Symbolisme du Sacerdoce de Melchisédek

Le sacerdoce de Melchisédek est enveloppé de mystère et de symbolisme profond, qui vont bien au-delà des simples faits historiques relatés dans la Bible. Ce chapitre se penche sur les éléments symboliques du sacerdoce de Melchisédek, en analysant comment ces symboles reflètent des vérités spirituelles et théologiques importantes et comment ils préfigurent le sacerdoce de Jésus-Christ.

1. La Conjonction des Rôles : Roi et Prêtre

Melchisédek est le roi de Salem, une ville qui plus tard deviendra Jérusalem, le centre spirituel d'Israël. Le terme « Salem » est souvent interprété comme signifiant « paix » ou « complétude », soulignant la dimension de paix et de complétude associée à son règne. En tant que roi, Melchisédek exerce une autorité qui dépasse celle des simples chefs politiques. Son rôle royal est vu comme intégrant une dimension spirituelle, où la justice et la paix sont les piliers de son règne. Melchisédek est aussi prêtre de Dieu Très-Haut, ce qui est unique car, dans la tradition juive, le sacerdoce est généralement réservé à la lignée de Lévi. Son sacerdoce représente une médiation directe entre Dieu et l'humanité, sans les limitations du sacerdoce lévitique. Son sacerdoce implique la bénédiction et la médiation spirituelle. En apportant du pain et du vin, Melchisédek participe à une communion sacrée qui préfigure les éléments de la Sainte-Cène dans la tradition chrétienne.

2. Le Symbolisme du Pain et du Vin

Melchisédek offre du pain et du vin à Abraham, des éléments simples mais chargés de signification. Dans le contexte biblique, ces éléments représentent la provision divine et la communion sacrée. Le pain et le vin que Melchisédek offre préfigurent la Sainte-Cène instituée par Jésus-Christ. Ils symbolisent la nourriture spirituelle et la relation d'alliance entre Dieu et son peuple. Le pain et le vin de Melchisédek représentent la provision de Dieu pour ses croyants, soulignant l'importance de la communion spirituelle et de la bénédiction divine dans la vie des fidèles. Dans le Nouveau Testament, Jésus utilise le pain et le vin lors de la Dernière Cène pour établir une nouvelle alliance. Cela établit une connexion directe avec le symbolisme de Melchisédek, révélant une continuité spirituelle entre les deux sacrements.

3. Absence de Généalogie : Un Sacerdoce Eternel

L'absence de généalogie pour Melchisédek est significative. Contrairement aux prêtres lévitiques, Melchisédek n'a pas d'origine généalogique définie, ce qui lui confère un caractère intemporel et éternel. Cette absence de généalogie est interprétée comme un signe de la supériorité de son sacerdoce, suggérant une continuité et une permanence qui transcendent les limitations du sacerdoce ordinaire. L'absence de généalogie dans le sacerdoce de Melchisédek préfigure le sacerdoce éternel de Jésus-Christ, qui est décrit comme prêtre pour toujours à l'ordre de Melchisédek (Hébreux 7, 3). Cela établit une connexion directe entre le sacerdoce ancien et le sacerdoce messianique. Cette dimension éternelle du sacerdoce de Melchisédek rappelle aux croyants que le sacerdoce de Jésus-Christ est universel et constant, offrant une médiation permanente et une relation continue avec Dieu.

4. Melchisédek comme Type du Christ

Dans la théologie chrétienne, Melchisédek est vu comme un type du Christ. Sa combinaison de fonctions royales et sacerdotales, ainsi que son caractère éternel, préfigure les aspects du ministère de Jésus. L'Épître aux Hébreux développe cette typologie en affirmant que Jésus est un prêtre selon l'ordre de Melchisédek, un sacerdoce supérieur au sacerdoce lévitique. En tant que croyants, nous sommes appelés à vivre à la lumière de ce sacerdoce éternel, en intégrant les valeurs de justice, de paix, et de communion spirituelle dans notre vie quotidienne. Les principes du sacerdoce de Melchisédek inspirent le ministère chrétien, mettant l'accent sur la médiation, le service, et l'engagement envers la justice et la paix.

Le sacerdoce de Melchisédek est riche en symbolisme et en signification théologique. La combinaison des rôles de roi et de prêtre, le symbolisme du pain et du vin, et l'absence de généalogie témoignent d'un sacerdoce unique et éternel qui préfigure le ministère de Jésus-Christ. En explorant ces éléments, nous pouvons mieux comprendre la profondeur du sacerdoce de Melchisédek et son impact durable sur la théologie chrétienne et la vie spirituelle des croyants. Ce symbole puissant nous rappelle la continuité divine et l'engagement de Dieu envers son peuple à travers les âges.

Chapitre 3 : L'Importance de la Priesthood de Melchisédek dans l'Histoire Biblique

Le sacerdoce de Melchisédek, bien que brièvement mentionné dans les Écritures, joue un rôle fondamental dans l'histoire biblique, influençant non seulement la théologie de l'Ancien Testament mais aussi la compréhension chrétienne du ministère de Jésus-Christ. Ce chapitre examine l'importance du sacerdoce de Melchisédek dans le contexte biblique plus large, explorant ses répercussions historiques, théologiques et spirituelles.

1. Melchisédek dans le Contexte de l'Ancien Testament

Melchisédek est perçu dans l'Ancien Testament comme une préfiguration du sacerdoce messianique. Son rôle de prêtre et roi dans la ville de Salem (Jérusalem) anticipe la venue d'un Messie qui régnera avec justice et sera prêtre pour toujours. Le Psaume 110 établit une connexion directe entre Melchisédek et le Messie, affirmant que le Messie sera « **prêtre pour toujours selon l'ordre de Melchisédek** ». Cette association souligne la vision d'un sacerdoce éternel qui transcende les limites des prêtres lévitiques. Le sacerdoce lévitique, établi avec Moïse et les prêtres descendants de Lévi, était limité dans le temps et basé sur une généalogie spécifique. En revanche, le sacerdoce de Melchisédek est présenté comme éternel et universel, sans généalogie, ce qui marque une distinction fondamentale. La supériorité du sacerdoce de Melchisédek est implicite dans la bénédiction qu'il offre à Abraham, qui est un acte de reconnaissance de l'autorité spirituelle de Melchisédek. Cela suggère que son sacerdoce a une dimension spirituelle plus profonde que le sacerdoce lévitique.

2. L'Impact sur la Théologie Juive

Dans la tradition juive, Melchisédek est parfois vu comme un personnage mystique dont le rôle et le sacerdoce préfigurent des aspects de la royauté et du sacerdoce messianique. Il est respecté comme un modèle de leadership spirituel et de justice. Les écrits juifs intertestamentaires, tels que le Livre d'Hénoch et les manuscrits de Qumrân, explorent la figure de Melchisédek et lui attribuent des rôles messianiques ou préfigurateurs, reflétant l'importance de son sacerdoce dans la pensée juive. Le sacerdoce de Melchisédek est souvent interprété comme une préfiguration du futur sacerdoce messianique attendu dans la tradition juive, qui régnera avec justice et apportera la rédemption. Salem (Jérusalem) est vue comme une ville sainte, et Melchisédek comme un roi-prêtre associé à cette ville sacrée, soulignant la connexion entre le sacerdoce et la sanctification du lieu.

3. L'Influence sur la Théologie Chrétienne

L'Épître aux Hébreux (chapitres 5 - 7) développe l'idée que Jésus-Christ est prêtre selon l'ordre de Melchisédek. Cette affirmation établit une continuité entre le sacerdoce de Melchisédek et le sacerdoce de Jésus, soulignant la nature éternelle et universelle du ministère de Christ. Le sacerdoce de Melchisédek est présenté comme supérieur au sacerdoce lévitique en raison de son caractère éternel et de son efficacité permanente. Jésus, en tant que prêtre selon cet ordre, offre une médiation continue entre Dieu et l'humanité. Le sacerdoce de Jésus selon l'ordre de Melchisédek est lié à la nouvelle alliance établie par sa mort et sa résurrection. Cette alliance offre une rédemption complète et permanente, en contraste avec les sacrifices temporaires du sacerdoce lévitique. Pour les croyants chrétiens, le sacerdoce de Melchisédek rappelle la dimension éternelle de la médiation de Christ. Il incite à une compréhension plus profonde de la relation avec Dieu, en soulignant la continuité entre l'Ancien et le Nouveau Testament.

4. Le Sacerdoce de Melchisédek et la Vie des Croyants

Le sacerdoce de Melchisédek, avec son accent sur la justice et la paix, sert de modèle pour la vie chrétienne. Les croyants sont appelés à incarner ces valeurs dans leur vie quotidienne et leur service. Le sacerdoce de Melchisédek invite les croyants à une vie de médiation et de service, en suivant l'exemple de Christ, le prêtre éternel. Cela inclut la responsabilité de porter des bénédictions et de promouvoir la paix et la justice. Les principes associés au sacerdoce de Melchisédek influencent également le rôle des croyants dans l'église, les encourageant à participer activement à la construction d'une communauté basée sur la justice, la paix et la communion. Le sacerdoce de Melchisédek, étant universel, inspire une vision d'une communauté chrétienne globale qui transcende les frontières culturelles et géographiques, reflétant l'unité et la diversité du peuple de Dieu.

Le sacerdoce de Melchisédek joue un rôle crucial dans l'histoire biblique, agissant comme un pont entre l'Ancien et le Nouveau Testament. Il préfigure le sacerdoce messianique de Jésus-Christ, établissant une continuité théologique qui souligne la nature éternelle et universelle du ministère de Christ. En explorant l'importance de Melchisédek dans le contexte biblique plus large, nous découvrons des vérités profondes sur la médiation spirituelle, la justice, et la paix, qui continuent d'inspirer et de guider la vie des croyants aujourd'hui.

Chapitre 4 : L'Exégèse de Melchisédek dans le Nouveau Testament

L'exégèse de Melchisédek dans le Nouveau Testament révèle des dimensions profondes et fascinantes du sacerdoce de cette figure biblique. Alors que Melchisédek est brièvement mentionné dans l'Ancien Testament, son rôle et son importance sont développés de manière significative dans les écrits du Nouveau Testament, en particulier dans l'Épître aux Hébreux. Ce chapitre explore comment le Nouveau Testament interprète et réutilise la figure de Melchisédek pour éclairer la compréhension du sacerdoce de Jésus-Christ et de la nouvelle alliance.

1. Melchisédek dans l'Épître aux Hébreux

L'Épître aux Hébreux est un texte théologique qui cherche à démontrer la supériorité de Jésus-Christ et de sa nouvelle alliance par rapport aux pratiques de l'Ancien Testament. Melchisédek y joue un rôle central dans la démonstration de la supériorité du sacerdoce de Christ. Les chapitres 5 à 7 de l'Épître aux Hébreux sont les sections clés où Melchisédek est mentionné. Ces passages explorent le sacerdoce de Melchisédek comme une préfiguration du sacerdoce éternel de Jésus. Hébreux 7, 1 - 3 décrit Melchisédek comme un prêtre « pour toujours » et un roi de justice et de paix. Cette description est utilisée pour illustrer la nature éternelle du sacerdoce de Jésus, qui est supérieur au sacerdoce lévitique. L'auteur de l'Épître aux Hébreux explique que Melchisédek est supérieur à Abraham et, par extension, aux prêtres lévitiques. En effet, Melchisédek reçoit une dîme d'Abraham, ce qui indique une supériorité spirituelle et sacerdotale. La mention de l'absence de généalogie pour Melchisédek (Hébreux 7, 3) est utilisée pour souligner la nature intemporelle et éternelle du sacerdoce de Jésus, qui ne dépend pas d'une lignée généalogique mais d'un appel divin. Melchisédek est présenté comme un type du Christ. Son sacerdoce, qui combine les rôles de roi et de prêtre, préfigure le ministère de Jésus, qui réunit ces deux fonctions de manière parfaite et éternelle. L'Épître aux Hébreux établit un contraste entre le sacerdoce lévitique, limité et temporaire, et le sacerdoce éternel de Jésus, selon l'ordre de Melchisédek. Cette nouvelle alliance offre une médiation permanente et une rédemption complète.

2. Melchisédek dans l'Évangile et les Écrits Apostoliques

Les évangiles synoptiques (Matthieu, Marc et Luc) ne font pas de référence directe à Melchisédek. Cependant, la compréhension de son sacerdoce comme préfiguration du Christ est implicite dans le ministère et les enseignements de Jésus. Dans l'Évangile de Jean, Jésus se présente comme le bon berger et le pain de vie, des rôles qui résonnent avec les symboles du pain et du vin associés à Melchisédek, soulignant la continuité entre l'Ancien et le Nouveau Testament. Bien que la lettre de Pierre ne mentionne pas directement Melchisédek, elle traite de la royalité et du sacerdoce des croyants, reflétant les thèmes associés à Melchisédek et au sacerdoce de Jésus. Les autres écrits du Nouveau Testament ne font pas référence directement à Melchisédek mais sont influencés par les concepts théologiques développés dans Hébreux, affirmant la prééminence de Christ et la nouvelle alliance.

3. Les Implications pour la Théologie Chrétienne

La compréhension de Melchisédek dans le Nouveau Testament souligne l'importance du sacerdoce éternel de Jésus. Les croyants voient en Christ le prêtre parfait qui offre une médiation continue entre Dieu et l'humanité. En étant participants de la nouvelle alliance, les croyants sont appelés à vivre selon les principes du sacerdoce de Christ, incarnant justice, paix, et service dans leur vie quotidienne. Le sacerdoce de Melchisédek et le sacerdoce de Jésus servent de modèle pour le ministère chrétien. Les leaders et les croyants sont appelés à servir avec une perspective éternelle, en offrant bénédiction et service à la communauté. La typologie de Melchisédek renforce la continuité entre les Écritures hébraïques et chrétiennes, montrant comment les figures de l'Ancien Testament préfigurent les réalités du Nouveau Testament.

4. Réflexions Contemporaines

Le sacerdoce de Melchisédek influence les pratiques chrétiennes, notamment la Sainte-Cène, en soulignant l'importance de la communion spirituelle et de la bénédiction divine. Les croyants sont appelés à vivre en conformité avec les principes du sacerdoce de Melchisédek, incarnant les valeurs de justice, de paix, et de service dans leur vie personnelle et communautaire. La compréhension de

Melchisédek dans le Nouveau Testament enrichit l'enseignement biblique en soulignant les connexions profondes entre les deux testaments et en éclairant la signification du ministère de Christ. La réflexion sur Melchisédek invite les croyants à une compréhension plus profonde de leur propre vocation spirituelle, en se reliant aux dimensions éternelles et sacrées de leur foi.

L'exégèse de Melchisédek dans le Nouveau Testament révèle une richesse de signification qui éclaire profondément le sacerdoce de Jésus-Christ. En tant que préfiguration du Christ, Melchisédek illustre la nature éternelle et universelle du ministère de Jésus, soulignant la supériorité du sacerdoce de la nouvelle alliance. Cette compréhension influence non seulement la théologie chrétienne mais aussi la pratique et la vie des croyants, invitant à une médiation et un service qui transcendent les limites temporelles et géographiques. Le sacerdoce de Melchisédek, tel qu'interprété dans le Nouveau Testament, demeure une source d'inspiration et de profondeur spirituelle pour la foi chrétienne.

Chapitre 5 : Jésus-Christ : Le Prêtre selon l'Ordre de Melchisédek

Le sacerdoce de Jésus-Christ est un thème central de la théologie chrétienne, profondément ancré dans l'idée que Jésus est le prêtre selon l'ordre de Melchisédek. Ce chapitre explore comment le Nouveau Testament établit cette connexion entre Jésus et Melchisédek, en détaillant les implications théologiques et pratiques de ce sacerdoce unique.

1. La Préfiguration du Christ par Melchisédek

Melchisédek est décrit comme roi de Salem (qui devient Jérusalem) et prêtre de Dieu Très-Haut (Genèse 14, 18 - 20). Cette double fonction de roi et de prêtre est essentielle pour comprendre le sacerdoce de Jésus, qui réunit aussi ces deux rôles d'une manière parfaite. Le sacerdoce de Melchisédek préfigure celui de Jésus-Christ, qui est également à la fois roi et prêtre. Ce modèle de sacerdoce royal et sacerdotal est crucial pour comprendre la mission et le ministère de Jésus dans le Nouveau Testament. Melchisédek est souvent vu comme un type du Christ dans la théologie chrétienne. Son absence de généalogie et son sacerdoce éternel sont interprétés comme des symboles de la nature intemporelle et universelle du ministère de Jésus. L'Épître aux Hébreux utilise Melchisédek comme une figure typologique pour expliquer la nature et la supériorité du sacerdoce de Jésus. Cette typologie enrichit la compréhension de la mission de Christ et sa relation avec Dieu.

2. Jésus comme Prêtre selon l'Ordre de Melchisédek

Cette section de l'Épître aux Hébreux 7, 1 - 3 décrit Jésus comme un prêtre pour toujours, selon l'ordre de Melchisédek. Cette affirmation souligne que le sacerdoce de Jésus est permanent et immuable, contrairement au sacerdoce lévitique qui était temporaire et limité. Le sacerdoce de Jésus est présenté comme supérieur à celui des prêtres lévitiques parce qu'il est basé sur une promesse divine et non sur une lignée généalogique. Jésus offre un accès direct et éternel à Dieu, surpassant les limitations du sacerdoce de l'Ancien Testament. En tant que prêtre selon l'ordre de Melchisédek, Jésus joue un rôle de médiateur éternel entre Dieu et l'humanité. Sa médiation est permanente et universelle, offrant une intercession continue pour les croyants. Jésus offre le sacrifice parfait pour le pardon des péchés. Contrairement aux sacrifices répétitifs du sacerdoce lévitique, le sacrifice de Jésus est unique et complet, établissant une nouvelle alliance avec Dieu.

3. Les Implications Théologiques

Le sacrifice de Jésus est commémoré dans la Sainte-Cène, où le pain et le vin représentent son corps et son sang offerts pour la rédemption. Ce rituel souligne la continuité avec l'offrande de Melchisédek et établit une connexion profonde entre l'Ancien et le Nouveau Testament. La nouvelle alliance que Jésus établit par son sacrifice est basée sur son sacerdoce éternel. Cette alliance offre un accès direct à la présence de Dieu et assure une relation renouvelée et perpétuelle entre Dieu et son peuple. En tant que participants de la nouvelle alliance, les croyants sont appelés à vivre selon les principes du sacerdoce de Jésus, en incarnant des valeurs de médiation, de service, et de justice dans leur vie quotidienne. Les croyants, en tant que « prêtres » dans le sens spirituel, sont invités à intercéder pour le monde, à offrir un service de bénédiction, et à vivre en communion avec Dieu. Cette vocation est inspirée par le sacerdoce de Jésus-Christ, selon l'ordre de Melchisédek.

4. La Réalisation du Sacerdoce de Melchisédek dans la Vie Chrétienne

Le sacerdoce de Jésus inspire les croyants à mener une vie de prière et de médiation, en se tournant vers Dieu avec confiance, sachant que Jésus intercède pour eux en tout temps. La compréhension du sacerdoce de Jésus encourage les croyants à s'engager activement dans leur communauté, en apportant des valeurs de paix, de justice, et de service inspirées par le modèle de Melchisédek. La réflexion sur le sacerdoce de Melchisédek et son accomplissement en Jésus-Christ enrichit la compréhension biblique. Les croyants sont invités à explorer ces thèmes dans les Écritures pour approfondir leur relation avec Dieu. Les études théologiques sur le sacerdoce de Jésus offrent une base solide pour l'enseignement chrétien, soulignant la signification et l'impact de la nouvelle alliance et du sacerdoce éternel.

Le sacerdoce de Jésus-Christ, selon l'ordre de Melchisédek, est un pilier essentiel de la théologie chrétienne. En tant que prêtre éternel, Jésus réunit les fonctions de roi et de prêtre d'une manière parfaite et permanente, établissant une nouvelle alliance avec Dieu. Cette compréhension enrichit non seulement la théologie chrétienne mais aussi la pratique spirituelle des croyants, les appelant à vivre selon les principes de justice, de paix, et de médiation inspirés par le sacerdoce de Jésus. En explorant le sacerdoce de Melchisédek et son accomplissement en Christ, nous découvrons une profondeur spirituelle qui guide et transforme la vie chrétienne, offrant une médiation perpétuelle et une relation renouvelée avec Dieu.

Chapitre 6 : Le Sacerdoce Chrétien : Une Extension du Sacerdoce de Melchisédek

Le sacerdoce chrétien, tel qu'il est compris dans la tradition chrétienne, trouve ses racines dans le sacerdoce de Melchisédek et se manifeste de manière significative dans la vie des croyants et de l'Église. Ce chapitre examine comment le sacerdoce chrétien est une extension du sacerdoce de Melchisédek, en mettant en lumière les implications pratiques et spirituelles de cette relation.

1. Les Fondements Bibliques du Sacerdoce Chrétien

L'épître de Pierre 2, 9 décrit les croyants comme un « sacerdoce royal, une nation sainte ». Ce passage souligne que chaque chrétien est appelé à une vocation sacerdotale, héritant du sacerdoce royal et sacerdotal de Jésus-Christ, qui lui-même est selon l'ordre de Melchisédek. Jean, dans Apocalypse 1, 6, affirme que Jésus a fait des croyants « un royaume de prêtres pour son Dieu et Père ». Ce verset renforce l'idée que le sacerdoce chrétien est directement lié au sacerdoce de Christ, lui-même selon l'ordre de Melchisédek. Jésus-Christ, en tant que prêtre selon l'ordre de Melchisédek, établit un modèle pour les croyants. Son sacerdoce est éternel et universel, et il invite les croyants à participer à cette dimension sacrée en servant comme médiateurs et intercesseurs dans le monde. Les croyants sont appelés à se présenter en « sacrifices vivants, saints et agréables à Dieu » (Romains 12, 1). Cette vocation est une extension du sacrifice parfait de Christ, reliant le sacerdoce chrétien à l'offrande rédemptrice de Jésus.

2. La Pratique du Sacerdoce Chrétien

En tant que prêtres, les croyants sont appelés à servir de médiateurs, en priant pour les autres et en apportant les besoins de la communauté devant Dieu. Cette fonction est inspirée par le rôle médiateur de Jésus-Christ, selon l'ordre de Melchisédek. La prière d'intercession est une pratique clé du sacerdoce chrétien. Les croyants sont invités à prier non seulement pour eux-mêmes mais aussi pour les autres, reflétant l'intercession perpétuelle de Jésus-Christ. Le sacerdoce chrétien implique un service actif dans la communauté et le monde. Les croyants sont appelés à manifester les valeurs du royaume de Dieu par leurs actions, en incarnant les principes de justice, de paix, et de compassion. Dans l'Église, les croyants exercent leur sacerdoce en participant à des activités de ministère, en apportant des enseignements, en offrant des encouragements, et en soutenant les membres de la communauté spirituelle.

3. Les Implications Théologiques et Spirituelles

Le sacerdoce chrétien est associé à une vie de sanctification. Les croyants sont appelés à vivre une vie de pureté et de dévouement, reflétant la sainteté de leur vocation sacerdotale. Le sacerdoce chrétien est une participation à la vie et à la mission de Jésus-Christ. En étant unis à lui, les croyants partagent dans son sacerdoce éternel et dans son ministère. La compréhension du sacerdoce chrétien renforce l'identité spirituelle des croyants, en les reliant à la mission divine et en les aidant à comprendre leur rôle dans le plan de Dieu. Le sacerdoce chrétien implique une responsabilité significative. Les croyants sont appelés à vivre en accord avec les valeurs du royaume de Dieu, à s'engager dans le service et à porter des fruits spirituels.

4. L'Application Pratique du Sacerdoce Chrétien

Les églises et les communautés chrétiennes doivent fournir une formation adéquate pour aider les croyants à comprendre et à exercer leur sacerdoce. Cela inclut l'enseignement biblique sur le rôle des prêtres et le développement de pratiques spirituelles et ministérielles. Le mentorat spirituel et l'accompagnement jouent un rôle crucial dans le développement du sacerdoce chrétien, en guidant les croyants dans leur vocation sacerdotale et en les soutenant dans leur croissance spirituelle. Les croyants sont appelés à participer activement à la mission de l'Église, en partageant l'évangile et en servant les besoins des personnes dans leur communauté. Le sacerdoce chrétien inspire un engagement dans des œuvres de charité et de justice. La culture de service et de compassion au sein des communautés chrétiennes reflète le sacerdoce de Melchisédek. Les croyants sont encouragés à vivre une vie de service désintéressé et d'amour envers les autres.

Le sacerdoce chrétien, en tant qu'extension du sacerdoce de Melchisédek, offre une compréhension profonde du rôle des croyants en tant que médiateurs et serviteurs dans le monde. Inspiré par le ministère éternel de Jésus-Christ, ce sacerdoce implique une vocation de médiation, de service, et de sanctification. En vivant selon ces principes, les croyants incarnent les valeurs du royaume de Dieu, apportant une bénédiction spirituelle et un impact positif dans leur communauté et au-delà. La compréhension du sacerdoce chrétien enrichit non seulement la vie spirituelle des croyants mais aussi leur engagement envers le service et la mission de l'Église.

Chapitre 7 : La Liturgie et le Sacerdoce à la Lumière de Melchisédek

La liturgie, en tant que pratique du culte chrétien, est profondément influencée par le sacerdoce de Melchisédek, qui préfigure le sacerdoce éternel de Jésus-Christ. Ce chapitre explore comment la figure de Melchisédek et son sacerdoce influencent la liturgie chrétienne, en examinant les éléments rituels, symboliques, et théologiques de la célébration du culte chrétien.

1. Melchisédek et la Tradition Liturgique Chrétienne

Melchisédek, en tant que prêtre de Dieu Très-Haut, apporte du pain et du vin à Abraham (Genèse 14, 18). Ce geste est considéré comme un précurseur des rites liturgiques chrétiens, notamment la Sainte-Cène, où le pain et le vin sont utilisés pour représenter le corps et le sang du Christ. Les actions de Melchisédek sont interprétées comme un symbole du culte chrétien et du sacerdoce de Jésus. Le pain et le vin apportés par Melchisédek sont vus comme une préfiguration du sacrifice de Jésus et du sacrement de l'Eucharistie. Melchisédek bénit Abraham, un acte de reconnaissance et de médiation divine. Ce modèle influence la pratique chrétienne des bénédictions et des prières dans les cultes, où les ministres agissent comme des médiateurs entre Dieu et les croyants. Le culte de l'Eucharistie dans le christianisme trouve une continuité avec l'offrande de pain et de vin par Melchisédek. Cette célébration commémore le sacrifice de Jésus-Christ et rappelle la connexion entre le sacerdoce ancien et le nouveau sacerdoce établi par le Christ.

2. Les Éléments Liturgiques Inspirés par Melchisédek

La Sainte-Cène est l'un des sacrements centraux du culte chrétien, en partie inspiré par la figure de Melchisédek. Lors de la Sainte-Cène, les croyants se souviennent du sacrifice de Jésus et célèbrent la nouvelle alliance établie par son sang. La présence du pain et du vin dans la liturgie chrétienne, en tant que symboles du corps et du sang du Christ, trouve son origine dans la pratique de Melchisédek. Ces éléments sont essentiels pour la communion et la rédemption dans le culte chrétien. Inspirées par le rôle de Melchisédek comme médiateur, les prières de la liturgie chrétienne incluent des prières de médiation pour les croyants et pour le monde, demandant l'intercession de Dieu pour la communauté et les individus. Les bénédictions faites par les ministres pendant les cultes rappellent la bénédiction apportée par Melchisédek. Elles sont un acte de grâce et de reconnaissance divine, reflétant l'autorité sacerdotale et la mission du prêtre dans le culte.

3. Le Sacrifice dans la Liturgie Chrétienne

La liturgie chrétienne célèbre le sacrifice unique et éternel de Jésus-Christ, en contraste avec les sacrifices répétitifs de l'Ancien Testament. Le sacrifice de Jésus est commémoré dans la Sainte-Cène, soulignant l'accomplissement du sacerdoce de Melchisédek. Dans la Sainte-Cène, les croyants se rappellent du sacrifice de Christ et de sa médiation. Cette célébration est un acte de mémoire et de proclamation de la nouvelle alliance, reliant les croyants au sacrifice de Jésus. La Sainte-Cène renforce l'unité et la communion des croyants avec Christ et entre eux. Ce rite est un moment de connexion spirituelle et communautaire, célébrant la grâce divine et l'appartenance au corps du Christ. La participation à l'Eucharistie est censée transformer les croyants spirituellement, en les fortifiant dans leur foi et en les incitant à vivre selon les valeurs du royaume de Dieu.

4. La Liturgie comme Expression du Sacerdoce Chrétien

Les croyants participent activement à la liturgie en tant que prêtres dans leur propre vocation. Ils apportent leurs prières, leurs offrandes et leur adoration, contribuant à l'expression collective du culte. La liturgie chrétienne appelle les croyants à une vie de service et de mission, en réponse à la grâce reçue lors des rites sacramentels. Les croyants sont envoyés pour vivre leur vocation sacerdotale dans le monde. Une formation adéquate est essentielle pour comprendre et vivre pleinement la liturgie chrétienne. Les enseignements sur la signification et la pratique des rites liturgiques enrichissent la vie spirituelle et le culte des croyants. Les ministres et les leaders de culte ont un rôle clé dans la célébration des rites liturgiques, en guidant la communauté dans la compréhension et la participation aux pratiques sacramentelles.

La figure de Melchisédek exerce une influence profonde sur la liturgie chrétienne, en préfigurant les rites sacramentels et les pratiques de culte qui célèbrent le sacerdoce éternel de Jésus-Christ. La Sainte-Cène, les prières de médiation, et les bénédictions sont tous des éléments liturgiques inspirés par le sacerdoce de Melchisédek, reliant les croyants au sacrifice et à la médiation de Christ. La liturgie chrétienne, en tant qu'expression du sacerdoce chrétien, invite les croyants à une participation active dans le culte et dans la mission du royaume de Dieu. En comprenant et en intégrant les principes de Melchisédek dans la liturgie, les croyants enrichissent leur expérience spirituelle et approfondissent leur relation avec Dieu.

Chapitre 8 : Le Prêtre selon l'Ordre de Melchisédek et la Vie de l'Église

Le sacerdoce selon l'ordre de Melchisédek joue un rôle fondamental dans la vie de l'Église chrétienne. Ce chapitre explore comment le sacerdoce de Jésus-Christ, selon l'ordre de Melchisédek, influence les divers aspects de la vie ecclésiale, y compris la direction spirituelle, la gouvernance, et la mission de l'Église. Nous examinerons aussi comment cette compréhension théologique façonne la pratique quotidienne de la foi chrétienne.

1. Le Sacerdoce de Melchisédek dans la Gouvernance de l'Église

Le sacerdoce de Melchisédek, avec sa combinaison unique de royauté et de sacerdoce, influence le modèle de leadership dans l'Église. Ce modèle propose une vision de leadership spirituel qui allie autorité et service, reflétant le caractère de Jésus-Christ comme prêtre et roi. Les pasteurs et les anciens de l'Église, inspirés par le sacerdoce de Melchisédek, sont appelés à exercer un leadership qui intègre l'enseignement, la médiation, et la guidance spirituelle. Leur rôle est de guider la communauté dans la foi, en se basant sur le modèle de Jésus-Christ comme prêtre éternel. La gouvernance ecclésiale peut être structurée autour de conseils et de synodes qui prennent des décisions collectives en vue de la mission de l'Église. Ce modèle participatif reflète l'approche collaborative et servant du sacerdoce de Melchisédek. La prise de décision dans l'Église doit être guidée par le discernement spirituel, aligné sur les principes du sacerdoce de Jésus. Les leaders sont appelés à chercher la volonté de Dieu à travers la prière, la réflexion biblique, et la guidance du Saint-Esprit.

2. Le Sacerdoce Chrétien et la Vie Communautaire

Chaque croyant est appelé à participer activement à la vie de l'Église en tant que prêtre selon l'ordre de Melchisédek. Cela implique un engagement dans des ministères de service, de prière, et de soutien aux autres membres de la communauté. Le sacerdoce chrétien encourage les croyants à se soutenir mutuellement dans la foi. Cela inclut des actions de compassion, de solidarité, et d'encouragement pour les personnes en difficulté. Les rites liturgiques tels que la Sainte-Cène sont des expressions du sacerdoce chrétien, nourrissant la vie spirituelle de la communauté. Ces célébrations renforcent l'unité et la communion entre les membres de l'Église. Les activités de service communautaire, comme les œuvres de charité et les missions, sont des manifestations pratiques du sacerdoce chrétien. Elles permettent aux croyants de vivre leur vocation sacerdotale dans la société.

3. La Mission de l'Église à la Lumière du Sacerdoce de Melchisédek

Le sacerdoce de Melchisédek inspire l'engagement de l'Église dans la mission de proclamer l'évangile. En tant que prêtre selon l'ordre de Melchisédek, Jésus a apporté une nouvelle alliance, et les croyants sont appelés à partager ce message avec le monde. La mission de l'Église inclut l'évangélisation et la formation spirituelle des croyants. Le sacerdoce chrétien encourage une approche dynamique de la mission, alliant proclamation et service aux besoins spirituels et sociaux de la communauté. Inspirée par le sacerdoce de Melchisédek, l'Église est appelée à promouvoir la justice sociale et à défendre les opprimés. Le ministère de Jésus-Christ, qui allie justice et miséricorde, guide l'engagement chrétien en faveur de la justice et de la paix. Les actions de charité et de soutien aux personnes en difficulté sont des expressions concrètes du sacerdoce chrétien. L'Église doit être un lieu de refuge, de guérison, et de transformation pour ceux qui sont dans le besoin.

4. Le Sacerdoce de Melchisédek et la Spiritualité Personnelle des Croyants

Les croyants, en tant que prêtres selon l'ordre de Melchisédek, sont appelés à une vie de prière et de méditation. Ces pratiques nourrissent la relation personnelle avec Dieu et renforcent la dimension sacerdotale de leur vocation. L'intercession personnelle est une partie essentielle de la vie spirituelle des croyants. En suivant l'exemple de Jésus, qui intercède pour les croyants, ceux-ci sont encouragés à prier pour les autres et à apporter leurs besoins devant Dieu. Le sacerdoce chrétien appelle à une vie éthique et morale alignée avec les enseignements de Jésus. Les croyants sont invités à vivre en accord avec les valeurs du royaume de Dieu, incarnant la justice, la miséricorde, et la vérité dans leur quotidien. Le sacerdoce chrétien a un impact transformateur sur la vie personnelle des croyants, les poussant à croître dans leur foi et à vivre en conformité avec leur appel sacerdotal.

Le sacerdoce selon l'ordre de Melchisédek offre un cadre riche pour comprendre et pratiquer la vie ecclésiale chrétienne. En influençant la gouvernance de l'Église, la vie communautaire, la mission, et la spiritualité personnelle des croyants, ce sacerdoce modèle la manière dont les croyants vivent leur vocation en tant que prêtres et serviteurs de Dieu. En s'appuyant sur l'exemple de Jésus-Christ, les membres de l'Église sont appelés à incarner les principes du sacerdoce de Melchisédek dans toutes les dimensions de leur vie chrétienne, renforçant leur engagement envers la mission divine et la transformation spirituelle.

Chapitre 9 : Le Sacerdoce de Melchisédek et la Vie Personnelle des Croyants

Le sacerdoce de Melchisédek n'affecte pas seulement la structure et la mission de l'Église, mais il a également une profonde influence sur la vie personnelle des croyants. Ce chapitre explore comment la compréhension du sacerdoce de Melchisédek transforme la vie quotidienne des chrétiens, en influençant leur spiritualité, leurs relations, et leur engagement envers la mission divine.

1. La Dimension Spirituelle du Sacerdoce de Melchisédek

Le sacerdoce de Melchisédek offre aux croyants une identité spirituelle enrichie. En comprenant qu'ils sont appelés à être des prêtres selon l'ordre de Melchisédek, les croyants peuvent reconnaître leur rôle unique dans le plan de Dieu, marqué par la médiation et le service. Le sacerdoce chrétien implique une union profonde avec Jésus-Christ, qui est le prêtre éternel selon l'ordre de Melchisédek. Cette union renforce la conscience de la vocation sacrée des croyants, les appelant à vivre en harmonie avec leur appel spirituel. La compréhension du sacerdoce de Melchisédek inspire une vie de prière et de méditation régulière. Les croyants sont encouragés à développer des habitudes de prière, de lecture des Écritures, et de méditation qui nourrissent leur relation avec Dieu. Les croyants, en tant que prêtres, sont appelés à prier pour eux-mêmes et pour les autres. L'intercession devient une partie essentielle de leur vie spirituelle, reflétant le rôle de médiateur de Jésus-Christ.

2. Le Sacerdoce de Melchisédek et les Relations Interpersonnelles

Le sacerdoce chrétien encourage les croyants à exercer un leadership spirituel dans leurs familles. En suivant l'exemple de Melchisédek et de Jésus, ils sont appelés à guider, bénir, et servir les membres de leur famille avec amour et sagesse. Dans la famille, le sacerdoce de Melchisédek inspire une culture de service et de bénédiction. Les croyants doivent rechercher à être des agents de paix et de soutien, apportant des encouragements et des prières à leurs proches. Le sacerdoce chrétien implique un engagement envers le service et la compassion dans les relations avec les autres. Les croyants sont appelés à manifester l'amour de Christ à travers des actions de soutien et d'aide aux personnes dans le besoin. La vie chrétienne est vécue dans la communauté, où le sacerdoce de Melchisédek guide les croyants à construire des relations authentiques et bienveillantes, renforçant ainsi le tissu social de leur environnement.

3. Le Sacerdoce de Melchisédek et l'Engagement Personnel

Le sacerdoce de Melchisédek appelle les croyants à une vie intégrée, où les valeurs du royaume de Dieu influencent toutes les facettes de leur existence. Cela inclut la gestion de leurs ressources, le respect des autres, et la recherche de justice et d'équité. En tant que prêtres, les croyants sont des témoins vivants de la foi chrétienne. Leur comportement, leurs choix éthiques, et leur intégrité doivent refléter les principes du sacerdoce et servir d'exemple pour les autres. Le sacerdoce de Melchisédek motive les croyants à participer activement à la mission de l'Église. Cela implique un engagement dans des activités de témoignage, de service, et d'évangélisation, en mettant en pratique les valeurs du sacerdoce dans leurs interactions quotidiennes. Les croyants sont encouragés à poursuivre leur développement personnel et spirituel en réponse à leur appel sacerdotal. Cela inclut la croissance dans la connaissance biblique, la maturité émotionnelle, et la formation continue pour un service efficace.

4. La Pratique du Sacerdoce de Melchisédek dans les Défis Personnels

Le sacerdoce chrétien offre une perspective de persévérance et d'espérance face aux défis personnels. Les croyants peuvent trouver du réconfort et de la force en leur rôle de prêtre et en leur connexion avec Jésus-Christ, qui a surmonté les épreuves. La pratique du sacerdoce chrétien inclut le soutien spirituel dans les moments de difficulté. Les croyants sont appelés à chercher l'aide divine, à prier pour la sagesse et la force, et à recevoir le soutien de leur communauté chrétienne. Le sacerdoce de Melchisédek encourage une approche de réconciliation et de médiation dans la gestion des conflits. Les croyants, en tant que médiateurs de la paix, doivent travailler pour résoudre les différends avec compassion et justice. En suivant l'exemple de Jésus-Christ, les croyants doivent chercher à vivre en paix avec les autres, en utilisant leur rôle sacerdotal pour promouvoir la réconciliation et la compréhension dans toutes leurs interactions.

Le sacerdoce de Melchisédek a des implications profondes pour la vie personnelle des croyants. En tant que prêtres selon l'ordre de Melchisédek, les croyants sont appelés à vivre une vie spirituelle riche, à entretenir des relations bienveillantes, et à s'engager activement dans la mission divine. Cette vocation sacerdotale transforme leur quotidien, influençant leur comportement, leurs choix éthiques, et leur réponse aux défis de la vie. En intégrant les principes du sacerdoce de Melchisédek dans leur vie personnelle, les croyants peuvent pleinement réaliser leur appel en tant que médiateurs de la grâce et serviteurs du royaume de Dieu.

Chapitre 10 : Le Sacrifice et l'Intercession : Héritage de Melchisédek

Le sacerdoce de Melchisédek est indissociable des concepts de sacrifice et d'intercession, qui jouent un rôle central dans la théologie chrétienne. Ce chapitre explore comment l'héritage de Melchisédek, en tant que prêtre et roi, façonne la compréhension chrétienne du sacrifice et de l'intercession, et comment ces éléments influencent la vie des croyants et leur relation avec Dieu.

1. Le Sacrifice dans le Sacerdoce de Melchisédek

Melchisédek offre du pain et du vin à Abraham (Genèse 14, 18). Ce geste est significatif car il symbolise une offrande sacrée qui précède le sacrifice ultime de Jésus-Christ. Le pain et le vin sont des éléments de communion et de bénédiction, préfigurant les rites de l'Eucharistie dans le christianisme. Le sacrifice de Melchisédek n'est pas seulement une offrande matérielle mais aussi un acte de reconnaissance et de médiation divine. Il établit un modèle de sacrifice qui combine la royauté avec la fonction sacerdotale, préfigurant le sacrifice de Jésus qui allie la souveraineté et la médiation. Jésus-Christ, en tant que prêtre selon l'ordre de Melchisédek, offre un sacrifice parfait et complet pour les péchés de l'humanité (Hébreux 10, 12). Ce sacrifice est unique et éternel, accomplissant ce que les sacrifices anciens ne pouvaient pas réaliser. Le sacrifice de Jésus-Christ institue une nouvelle alliance entre Dieu et l'humanité, remplaçant les anciennes pratiques sacrificielles par une communion renouvelée et perpétuelle avec Dieu, représentée dans la Sainte-Cène.

2. L'Intercession selon l'Ordre de Melchisédek

Melchisédek agit comme médiateur entre Dieu et Abraham. Sa fonction sacerdotale inclut l'intercession pour Abraham et la bénédiction divine. Cet acte préfigure le rôle de médiation que Jésus-Christ accomplira de manière suprême. En tant que prêtre, Melchisédek est un type de médiateur qui prépare le terrain pour l'intercession de Jésus-Christ. Il relie le sacerdoce ancien au sacerdoce de Christ, offrant une vision de la médiation divine. Jésus-Christ, en tant que prêtre selon l'ordre de Melchisédek, exerce une intercession continue pour les croyants (Romains 8, 34, Hébreux 7, 25). Il se tient à la droite de Dieu, plaidant en faveur des fidèles et offrant un soutien spirituel constant. L'intercession de Jésus-Christ est fondamentale pour la vie spirituelle des croyants. Les chrétiens sont invités à prier avec confiance, sachant que leur intercesseur suprême plaide pour eux devant Dieu.

3. Implications du Sacrifice et de l'Intercession pour les Croyants

Les croyants sont appelés à suivre l'exemple de Jésus-Christ en offrant leurs propres sacrifices personnels en réponse à Son sacrifice. Cela peut inclure des actes de service, de générosité, et de renoncement aux intérêts personnels pour le bien des autres. Vivre en réponse au sacrifice de Christ implique une vie dédiée à Dieu. Les croyants doivent chercher à vivre en accord avec les valeurs du royaume, en manifestant l'amour, la justice, et la miséricorde dans toutes leurs actions. En tant que prêtres, les croyants sont appelés à pratiquer l'intercession pour les autres. Cela inclut la prière pour les besoins spirituels et matériels des autres, reflétant l'exemple de l'intercession de Jésus-Christ. L'intercession personnelle doit se traduire en engagement communautaire. Les croyants doivent participer activement à des actions de soutien et de prière pour leur communauté, en étant des agents de transformation et de guérison.

4. Le Sacrifice et l'Intercession dans la Vie de l'Église

La célébration de la Sainte-Cène (ou Eucharistie) est un rappel continu du sacrifice de Jésus-Christ. C'est un acte de communion avec Christ et une célébration de Son sacrifice pour l'humanité. Les rites de l'Église, tels que les prières de l'office et les bénédictions, sont des moments d'intercession collective. Ils reflètent la fonction sacerdotale de l'Église, en portant les besoins de la communauté devant Dieu. Les activités missionnaires et de service de l'Église doivent être motivées par le sacrifice de Christ. Les croyants, en tant que prêtres selon l'ordre de Melchisédek, doivent vivre un engagement sincère envers la mission de l'Église, en apportant espoir et aide aux personnes dans le besoin. L'intercession joue un rôle crucial dans la mission de l'Église. La prière pour les missions et les ministères est essentielle pour soutenir et guider les efforts de l'Église dans le monde.

Le sacrifice et l'intercession, hérités du sacerdoce de Melchisédek, sont des éléments clés de la foi chrétienne. Le sacrifice de Melchisédek, préfigurant le sacrifice ultime de Jésus-Christ, et l'intercession de Jésus, continuent de modeler la manière dont les croyants vivent leur vocation sacerdotale. En intégrant ces principes dans leur vie quotidienne, les croyants sont appelés à offrir des sacrifices personnels et à pratiquer l'intercession avec dévouement. Ces pratiques enrichissent leur vie spirituelle et renforcent l'impact de l'Église dans le monde, en manifestant la grâce et la miséricorde de Dieu à travers leurs actions et leurs prières.

Chapitre 11 : La Sagesse et la Justice : Valeurs du Sacerdoce de Melchisédek

La sagesse et la justice sont deux valeurs interconnectées et indissociable du sacerdoce de Melchisédek, qui jouent un rôle central dans la théologie chrétienne. Ce chapitre explore comment l'héritage de Melchisédek, en tant que prêtre et roi, façonne la compréhension chrétienne de la sagesse et de la justice, et comment ces valeurs influencent la vie des croyants et leur relation avec Dieu.

1. La Sagesse dans le Sacerdoce de Melchisédek

La sagesse, dans le contexte biblique, est la capacité de comprendre et d'appliquer les vérités divines avec discernement et prudence. Elle va au-delà de la simple connaissance pour inclure l'application judicieuse de cette connaissance dans la vie quotidienne. Melchisédek, en tant que prêtre de Dieu Très-Haut, est un symbole de la sagesse divine. Sa position de roi et prêtre suggère une connaissance profonde de la volonté divine et des principes de gouvernance juste. Lors de sa rencontre avec Abraham, Melchisédek ne se contente pas de bénir, mais il offre aussi du pain et du vin, symboles de communion et de reconnaissance de la providence divine. Cette action indique une compréhension spirituelle élevée et un discernement des besoins spirituels et matériels d'Abraham. L'absence de généalogie dans le récit biblique de Melchisédek souligne une sagesse transcendant les aspects terrestres et humains. Cela reflète une sagesse qui dépasse les limites humaines et s'ancre dans le divin. La bénédiction d'Abraham par Melchisédek n'est pas seulement un acte de faveur mais aussi un acte de reconnaissance de la supériorité spirituelle. En bénissant Abraham, Melchisédek affirme la prééminence de la sagesse divine sur les aspects matériels du monde.

Comparer la sagesse de Melchisédek avec celle de Salomon, qui est aussi connu pour sa sagesse divine. Tandis que Salomon est célèbre pour ses jugements justes et ses écrits, Melchisédek représente une sagesse sacerdotale et royale plus mystique et symbolique. Contrairement au sacerdoce lévitique, qui est basé sur des lois et des rituels, le sacerdoce de Melchisédek incarne une sagesse plus universelle et intemporelle, qui transcende les spécificités culturelles et religieuses. Dans le Nouveau Testament, Jésus-Christ est présenté comme la sagesse incarnée (1 Corinthiens 1, 24). Le sacerdoce de Jésus selon l'ordre de Melchisédek est la réalisation ultime de cette sagesse divine, illustrant une compréhension parfaite de la volonté de Dieu et une application parfaite de cette sagesse dans la rédemption et la vie chrétienne.

2. La Justice comme Valeur Fondamentale

Dans un contexte biblique, la justice implique l'équité, la droiture, et le respect des lois divines et morales. Elle concerne la manière dont les principes éthiques sont appliqués dans les relations humaines et la gestion des affaires communautaires. En tant que roi de Salem et prêtre de Dieu Très-Haut, Melchisédek incarne la justice divine. Son double rôle royal et sacerdotal suggère une compréhension profonde et une application juste des lois et principes divins. Lors de sa rencontre avec Abraham, Melchisédek joue un rôle crucial en assurant que la justice divine est respectée dans le cadre de la bénédiction et de la reconnaissance mutuelle. La bénédiction d'Abraham et la réception d'un dixième des biens par Melchisédek montrent un respect pour les principes de justice et de reconnaissance. La bénédiction d'Abraham par Melchisédek n'est pas seulement un acte de faveur mais aussi un acte de justice divine, reconnaissant le mérite d'Abraham et établissant un principe de reconnaissance et de gratitude. De plus, l'acte de partager le pain et le vin est une manifestation de la justice, offrant des signes de communion et de bienveillance. Le fait que Melchisédek intervienne sans conflit ni revendication territoriale souligne une justice pure et désintéressée. Il agit avec une impartialité qui met en avant l'idéale divine de justice.

Comparer la justice de Melchisédek avec celle de Moïse, qui a reçu la Loi sur le mont Sinaï. Alors que Moïse a établi un système juridique détaillé pour le peuple d'Israël, Melchisédek représente une justice plus universelle et spirituelle, appliquée directement en tant que prêtre et roi. Le sacerdoce lévitique était responsable de l'application de la loi mosaïque, mais le sacerdoce de Melchisédek transcende cette application spécifique en incarnant une justice plus profonde et plus directe, liée à la relation avec Dieu. Dans le Nouveau Testament, Jésus est décrit comme le « Juste » (1 Jean 2, 1) et comme celui qui accomplit la justice divine parfaite. Le sacerdoce de Jésus, selon l'ordre de

Melchisédek, représente la réalisation ultime de la justice divine, offrant la rédemption et l'équité pour tous les croyants. Les croyants sont appelés à appliquer les principes de justice dans leur vie quotidienne, en suivant l'exemple de Melchisédek et de Jésus. Cela implique d'agir avec intégrité, d'honorer les principes éthiques et d'œuvrer pour le bien-être de la communauté. Aborder les défis contemporains liés à la justice, tels que les inégalités sociales et économiques, et comment les croyants peuvent répondre à ces défis à la lumière des valeurs incarnées par Melchisédek.

3. Réflexion sur la Sagesse et la Justice dans l'Œuvre de Christ

Jésus-Christ est souvent décrit comme la personnification de la sagesse divine dans le Nouveau Testament. Dans 1 Corinthiens 1, 24, Paul se réfère à Christ comme la « Sagesse de Dieu ». La sagesse de Christ se manifeste non seulement dans ses enseignements mais aussi dans sa manière de vivre et de diriger. Il incarne la sagesse parfaite en tant que Verbe incarné, apportant une compréhension profonde de la volonté divine et des vérités spirituelles. Les paraboles et les discours de Jésus révèlent une sagesse profonde qui dépasse la compréhension humaine ordinaire. Par exemple, le Sermon sur la Montagne (Matthieu 5 - 7) présente des enseignements qui réorientent les normes morales et éthiques, en soulignant la nécessité d'une justice qui va au-delà des simples observances légales. Jésus, en tant que médiateur de la nouvelle alliance, montre une sagesse divine dans sa capacité à réconcilier l'humanité avec Dieu. Son sacrifice sur la croix est une manifestation suprême de la sagesse divine, offrant une solution parfaite pour la rédemption et le pardon des péchés. Jésus est également la manifestation parfaite de la justice divine. Dans l'Évangile de Jean (Jean 5, 30), Jésus déclare qu'il ne cherche pas sa propre volonté mais celle de son Père, et il juge avec une justice parfaite. Sa vie et son ministère sont imprégnés d'une quête constante pour l'équité, la vérité et la droiture. Jésus incarne la justice par ses actions et ses enseignements. Il défend les opprimés, guérit les malades, et s'associe aux marginalisés. Par exemple, dans l'épisode de la femme adultère (Jean 8, 1 - 11), Jésus démontre une justice qui allie compassion et vérité, offrant à la femme une seconde chance tout en réaffirmant les principes moraux. La justice de Christ se manifeste pleinement dans son œuvre de rédemption. Par sa mort et sa résurrection, Jésus offre une justice qui réconcilie l'humanité avec Dieu, en satisfaisant les exigences de la loi tout en offrant la grâce et le pardon.

La sagesse et la justice de Melchisédek sont des préfigurations du sacerdoce de Christ. Melchisédek, en tant que prêtre et roi, représente un modèle de sagesse et de justice qui est pleinement accompli dans l'œuvre de Jésus. Le sacerdoce de Jésus, selon l'ordre de Melchisédek, réalise et transcende ces valeurs, les intégrant dans le plan de salut universel. Alors que le sacerdoce de Melchisédek est perçu comme un archétype, le sacerdoce de Christ est la réalisation éternelle et parfaite de cette image. L'Épître aux Hébreux (Hébreux 7) compare le sacerdoce de Melchisédek et celui de Jésus, soulignant que Jésus, en tant que prêtre éternel, incarne pleinement la sagesse et la justice divines dans son ministère perpétuel.

Les croyants sont appelés à suivre l'exemple de sagesse et de justice de Christ dans leur propre vie. Cela implique de rechercher la sagesse divine par la prière et l'étude des Écritures, et de promouvoir la justice dans les interactions quotidiennes et les engagements sociaux. En incarnant la sagesse et la justice de Christ, les chrétiens peuvent avoir un impact profond sur leur communauté. Ils sont appelés à être des agents de changement, apportant des solutions justes aux problèmes sociaux et reflétant la sagesse divine dans leurs actions. Vivre selon ces valeurs peut être difficile dans un monde souvent marqué par l'injustice et la confusion. Cependant, cela offre aussi des opportunités pour grandir spirituellement et pour témoigner de la vérité et de l'amour de Dieu dans le monde.

Les valeurs de sagesse et de justice, incarnées par Melchisédek, doivent servir de principes directeurs dans la vie chrétienne. Cela signifie appliquer la sagesse divine pour prendre des décisions éclairées et justes, et vivre de manière à promouvoir l'équité et la justice dans toutes les interactions humaines. Illustrer comment les croyants peuvent vivre ces valeurs au quotidien. Par exemple, faire preuve de sagesse dans les choix personnels et professionnels, et pratiquer la justice en s'engageant dans des actions qui défendent les opprimés et favorisent l'égalité. Melchisédek, en tant que modèle de sagesse et de justice, sert d'exemple pour les croyants. Les chrétiens sont appelés à imiter ses caractéristiques en recherchant la sagesse divine par la prière, l'étude des Écritures et la réflexion, et en appliquant la justice dans leurs relations et leurs actions. Les leaders spirituels, tels que les pasteurs et les ministres, doivent également incarner ces valeurs, guidant leurs communautés avec une sagesse et une justice qui reflètent le sacerdoce de Melchisédek. Ils doivent être des exemples vivants de ces principes dans leur ministère.

La sagesse et la justice, telles qu'incarnées par Melchisédek et réalisées pleinement dans l'œuvre de Christ, offrent un modèle précieux pour la vie chrétienne. Melchisédek, en tant que roi et prêtre de Dieu Très-Haut, représente des valeurs qui préfigurent l'accomplissement ultime trouvé en Jésus-Christ, le Prêtre éternel selon l'ordre de Melchisédek. Christ, par son enseignement, ses actes et son sacrifice, incarne une sagesse divine et une justice parfaite qui transcendent les limites humaines. Sa vie et son œuvre révèlent une sagesse qui éclaire les vérités profondes de Dieu et une justice qui réconcilie l'humanité avec le Père. Les croyants sont appelés à imiter ces valeurs dans leur quotidien, en recherchant la sagesse divine pour guider leurs décisions et en pratiquant la justice dans leurs interactions et engagements sociaux. En intégrant ces principes dans la pratique chrétienne, les croyants peuvent transformer leur vie et leur communauté, apportant une lumière de vérité et d'équité dans un monde souvent marqué par l'injustice. L'exemple de Melchisédek et l'œuvre de Christ nous invitent à une vie de foi vivante et engagée, reflétant la sagesse et la justice divines dans tous les aspects de notre existence. C'est ainsi que la sagesse et la justice, en tant que valeurs fondamentales, deviennent des principes vivants et actifs dans notre vie chrétienne quotidienne.

Chapitre 12 : Le Sacerdoce de Melchisédek et le Leadership Spirituel

Le sacerdoce de Melchisédek offre un modèle profond et inspirant pour comprendre le leadership spirituel dans la communauté chrétienne. Ce chapitre explore comment les principes du sacerdoce de Melchisédek influencent la manière dont le leadership spirituel est exercé, les qualités requises pour les leaders, et l'impact de ce leadership sur la communauté de foi.

1. Le Modèle de Leadership de Melchisédek

Melchisédek est unique en tant que roi et prêtre, incarnant une combinaison de leadership spirituel et politique. Cette double fonction symbolise une autorité qui est à la fois divine et humaine, offrant un modèle pour les leaders spirituels modernes qui doivent équilibrer la direction spirituelle avec la gestion pratique. Le leadership de Melchisédek est marqué par le service plutôt que par la domination. En tant que prêtre et roi, il dirige avec sagesse et humilité, offrant une vision de leadership qui privilégie la bénédiction et le soutien plutôt que la simple autorité. Jésus-Christ, en tant que prêtre selon l'ordre de Melchisédek, a incarné le leadership serviteur. Les leaders chrétiens sont appelés à suivre cet exemple, servant la communauté avec compassion, intégrité, et dévouement. Les leaders spirituels doivent équilibrer leur autorité avec une attitude d'humilité et de service, reflétant le modèle de Melchisédek qui associe la royauté à la médiation et au service.

2. Qualités du Leader Spirituel selon l'Ordre de Melchisédek

Les leaders spirituels doivent faire preuve de sagesse et de discernement dans leur prise de décision. Le modèle de Melchisédek offre une vision de leadership qui intègre la connaissance spirituelle avec une capacité à guider la communauté dans des situations complexes. Une vision claire et inspirée est essentielle pour un leadership efficace. Les leaders doivent être capables de voir au-delà des défis immédiats et de guider la communauté vers des objectifs spirituels et missionnaires à long terme. Les leaders doivent être des modèles d'intégrité, vivant en accord avec les principes qu'ils enseignent. L'intégrité personnelle et l'authenticité sont cruciales pour établir la confiance et l'autorité spirituelle. La transparence dans les actions et les intentions est essentielle pour maintenir la crédibilité et la relation avec la communauté. Les leaders doivent être honnêtes et ouverts, montrant une vulnérabilité qui renforce leur connexion avec les membres de l'Église.

3. L'Impact du Leadership Spirituel sur la Communauté

Un leadership inspirant renforce la communauté en apportant encouragement et motivation. Les leaders doivent stimuler la foi des membres, les aidant à voir et à poursuivre leur vocation personnelle dans le cadre de la mission de l'Église. Les leaders doivent favoriser un environnement de solidarité et de soutien au sein de la communauté, encourageant les membres à s'entraider et à travailler ensemble pour les objectifs communs. Les leaders spirituels jouent un rôle crucial dans la gestion et la résolution des conflits au sein de la communauté. Inspirés par le modèle de Melchisédek, ils doivent aborder les conflits avec sagesse, compassion, et une volonté de réconciliation. Le rôle de médiateur est essentiel pour maintenir l'harmonie et la paix dans la communauté. Les leaders doivent travailler pour résoudre les tensions et promouvoir une culture de paix et de compréhension.

4. Développer des Leaders Spirituels Inspirés par Melchisédek

La formation des futurs leaders doit inclure des éléments de développement spirituel, éthique, et pratique. Les programmes de formation doivent préparer les leaders à exercer leur vocation avec compétence et sensibilité. Le mentorat joue un rôle clé dans la préparation des leaders. Les mentors, en tant que leaders expérimentés, doivent guider et soutenir les aspirants leaders, partageant leur expérience et leur sagesse pour encourager une croissance continue. Les leaders doivent s'engager dans un processus d'auto-évaluation et de croissance continue, cherchant à améliorer leurs compétences et à approfondir leur relation avec Dieu. La recherche continue de connaissance et de compréhension est essentielle pour un leadership efficace. Les leaders doivent être ouverts à l'apprentissage et à l'évolution, en restant attentifs aux nouvelles perspectives et aux besoins changeants de la communauté.

Le sacerdoce de Melchisédek fournit un modèle riche et polyvalent pour le leadership spirituel. En incarnant des qualités telles que la sagesse, l'intégrité, et le service, et en équilibrant l'autorité avec l'humilité, les leaders peuvent exercer un impact profond et positif sur leur communauté. En développant des leaders inspirés par l'exemple de Melchisédek, l'Église peut s'assurer que son leadership est ancré dans les valeurs spirituelles profondes et efficace dans la réalisation de sa mission divine.

Chapitre 13 : L'Influence du Sacerdoce de Melchisédek sur la Spiritualité Contemporaine

Le sacerdoce de Melchisédek, en tant que modèle biblique et théologique, continue d'exercer une influence significative sur la spiritualité contemporaine. Ce chapitre examine comment les principes et l'exemple de Melchisédek façonnent la spiritualité moderne, les pratiques religieuses et la compréhension des rôles spirituels dans le contexte actuel.

1. Reconnexion avec les Fondements Spirituels

Le sacerdoce de Melchisédek rappelle les racines profondes de la spiritualité chrétienne dans l'Ancien Testament. Ce rappel est essentiel pour comprendre la continuité entre l'Ancien et le Nouveau Testament et pour apprécier la profondeur historique de la foi chrétienne. La redécouverte du sacerdoce de Melchisédek a conduit à une restauration des traditions et pratiques anciennes dans certains courants spirituels. Cela inclut l'accent sur la royauté et la médiation divine comme aspects intégrants de la spiritualité chrétienne. Les principes du sacerdoce de Melchisédek sont intégrés dans la spiritualité contemporaine pour enrichir la compréhension des rôles spirituels et des pratiques religieuses. Cela inclut une réévaluation du sacerdoce comme un modèle de service et de médiation. Certains groupes contemporains ont revitalisé des pratiques associées au sacerdoce de Melchisédek, telles que des rites de bénédiction et des cérémonies qui soulignent la communion et le service.

2. Impact sur les Pratiques de Prière et de Méditation

Le modèle de Melchisédek inspire une approche plus profonde et plus réfléchie de la prière intercessoire. Les croyants sont encouragés à prier non seulement pour leurs propres besoins mais aussi pour les autres, en se basant sur le rôle de médiateur de Melchisédek. La méditation sur le sacerdoce de Melchisédek aide les croyants à développer une compréhension plus profonde de leur propre rôle dans la communion divine et dans le service aux autres. Les rituels qui incluent des éléments de bénédiction et de communion, comme ceux pratiqués par Melchisédek, sont intégrés dans les pratiques spirituelles modernes, renforçant l'idée de la grâce divine et de la médiation. L'Eucharistie est vue sous un nouveau jour à la lumière du sacerdoce de Melchisédek, avec un accent sur la signification profonde des éléments du pain et du vin comme symboles de communion divine.

3. Redéfinition du Leadership Spirituel

Le leadership serviteur inspiré par Melchisédek est une tendance croissante dans la spiritualité contemporaine. Les leaders spirituels sont appelés à servir la communauté avec compassion et humilité, plutôt que de chercher à exercer un pouvoir autoritaire. Les leaders modernes s'inspirent du modèle de Melchisédek pour développer des pratiques de leadership axées sur le service et la médiation, en mettant l'accent sur l'écoute et la guidance spirituelle. L'approche holistique du leadership spirituel intègre les aspects spirituels, émotionnels, et pratiques de la vie des croyants. Le modèle de Melchisédek, combinant royauté et sacerdoce, offre un cadre pour une vision intégrée de la spiritualité. Les leaders spirituels contemporains cherchent à équilibrer leur autorité avec une approche de service inspirée par le sacerdoce de Melchisédek, cultivant des environnements de foi qui favorisent la croissance spirituelle et la coopération.

4. Influence sur la Communauté et l'Engagement Social

L'impact du sacerdoce de Melchisédek se manifeste dans un engagement accru envers les communautés locales. Les croyants sont encouragés à appliquer les principes du service et de médiation dans leurs interactions communautaires, apportant une aide concrète et un soutien spirituel. Le modèle de Melchisédek inspire des initiatives de justice sociale, où les croyants travaillent pour promouvoir l'équité, la paix et la réconciliation dans la société, reflétant les valeurs de justice et de bénédiction du sacerdoce. Les principes du sacerdoce de Melchisédek offrent une perspective spirituelle sur les défis contemporains, y compris les crises sociales et personnelles. Les croyants sont invités à aborder ces défis avec une approche médiatrice et une vision de service. Le sacerdoce de Melchisédek encourage les croyants à être des agents de transformation dans leurs contextes respectifs, apportant des solutions spirituelles aux problèmes du monde moderne.

Le sacerdoce de Melchisédek continue d'exercer une influence profonde sur la spiritualité contemporaine en offrant un modèle riche de service, de médiation et de leadership. En intégrant les principes de Melchisédek dans les pratiques de prière, de méditation, et de leadership spirituel, les croyants sont invités à vivre une spiritualité enrichie qui reflète les valeurs éternelles de ce sacerdoce unique. Cette influence se manifeste également dans l'engagement social et communautaire, où les principes du sacerdoce sont appliqués pour répondre aux défis contemporains et promouvoir une vie de foi authentique et active.

Chapitre 14 : Les Défis et Perspectives du Sacerdoce de Melchisédek Aujourd’hui

Le sacerdoce de Melchisédek, tout en étant un modèle puissant de leadership spirituel et de médiation, rencontre des défis et des perspectives uniques dans le contexte contemporain. Ce chapitre examine les difficultés auxquelles fait face la mise en œuvre des principes de ce sacerdoce dans le monde moderne, tout en explorant les opportunités qu'il offre pour enrichir la spiritualité et le leadership dans l'Église aujourd'hui.

1. Défis de l’Application du Modèle de Melchisédek

L'un des principaux défis est de rendre le modèle de Melchisédek pertinent pour la société contemporaine, qui peut sembler très éloignée des contextes anciens de royauté et de sacerdoce. Trouver des moyens d'appliquer les principes du sacerdoce à une époque où les structures sociales et religieuses ont évolué est crucial. Les pratiques liées au sacerdoce de Melchisédek, telles que les rites anciens et les cérémonies spécifiques, doivent être adaptées pour résonner avec les croyants d'aujourd'hui, tout en respectant leur signification historique et théologique. Adopter un modèle de leadership serviteur inspiré par Melchisédek peut être difficile dans un contexte où des structures de pouvoir autoritaires sont parfois la norme. Les leaders spirituels doivent naviguer entre l'idéal de service et les réalités de l'autorité dans les institutions modernes. Maintenir l’intégrité et la transparence dans le leadership, en suivant l'exemple de Melchisédek, est un défi important. Les scandales et les abus de pouvoir dans les institutions religieuses peuvent ébranler la confiance et compliquer l'application des principes de leadership inspirés par Melchisédek. La modernisation des pratiques liturgiques et sacramentelles en lien avec le sacerdoce de Melchisédek pose un défi. Les traditions doivent être revues pour être pertinentes tout en préservant leur essence spirituelle. Réconcilier les principes du sacerdoce de Melchisédek avec les valeurs de diversité et d'inclusion contemporaines est essentiel. Il est important d'appliquer les principes du sacerdoce de manière à promouvoir l'équité et à accueillir toutes les personnes dans la communauté de foi.

2. Perspectives d'Enrichissement Spirituel

Le sacerdoce de Melchisédek offre une richesse théologique pour explorer les dimensions de la royauté et du sacerdoce en Christ. Cette exploration peut enrichir la compréhension des croyants sur leur propre rôle spirituel et la nature de leur relation avec Dieu. L'étude du sacerdoce de Melchisédek permet une meilleure compréhension des liens entre l'Ancien et le Nouveau Testament, éclairant la continuité de la révélation divine et offrant une perspective plus profonde sur les Écritures. L'application des principes du sacerdoce de Melchisédek encourage les croyants à adopter une posture de service et d'intercession. Cela peut inspirer des actions concrètes telles que des initiatives de justice sociale et des ministères de soutien communautaire. Les croyants peuvent trouver dans le modèle de

Melchisédek des orientations pour leur propre développement spirituel et personnel. En intégrant les aspects de sacrifice, de service, et d'intercession dans leur vie quotidienne, ils peuvent approfondir leur engagement envers leur foi. Le sacerdoce de Melchisédek peut inspirer une rénovation des célébrations liturgiques et sacramentelles, en mettant l'accent sur la communion et la bénédiction comme éléments centraux de la vie de foi. Les rites associés à Melchisédek peuvent être adaptés pour refléter les réalités contemporaines tout en conservant leur profondeur spirituelle, offrant une expérience de culte qui parle aux croyants d'aujourd'hui.

3. Perspectives pour l'Église

Le modèle de Melchisédek peut inspirer des initiatives d'engagement communautaire qui mettent l'accent sur le service aux autres et la promotion de la justice sociale. Les principes du sacerdoce peuvent guider les églises dans leurs efforts pour répondre aux besoins des communautés locales. En suivant l'exemple de Melchisédek, les églises peuvent renforcer leur rôle en tant que communautés de foi engagées, offrant un soutien et une direction spirituelle tout en promouvant des valeurs de paix et de réconciliation. La formation des futurs leaders spirituels peut être enrichie par l'étude du sacerdoce de Melchisédek, en intégrant des enseignements sur le leadership serviteur et l'intercession. Cela prépare les leaders à servir la communauté avec une vision équilibrée de l'autorité et du service. L'éducation spirituelle des croyants peut bénéficier d'une approche qui met l'accent sur la compréhension du sacerdoce de Melchisédek, encourageant les membres de l'église à adopter un mode de vie inspiré par les valeurs de ce sacerdoce.

Le sacerdoce de Melchisédek continue d'offrir un riche réservoir de principes pour la spiritualité contemporaine, malgré les défis qu'il pose dans le monde moderne. En abordant ces défis avec créativité et fidélité, les croyants peuvent tirer parti des perspectives offertes par ce modèle pour enrichir leur vie spirituelle, améliorer leur leadership, et renforcer leur engagement envers la communauté. Les principes du sacerdoce de Melchisédek, lorsqu'ils sont intégrés de manière pertinente et significative, ont le potentiel de revitaliser la spiritualité chrétienne et de guider les croyants dans une vie de foi plus profonde et plus dynamique.

Chapitre 15 : Vers une Vie Inspirée par le Sacerdoce de Melchisédek

Ce chapitre final vise à synthétiser les enseignements du livre et à inspirer les croyants à vivre selon les valeurs de sagesse et de justice, incarnées par Melchisédek et réalisées pleinement en Jésus-Christ. Il offre des perspectives sur l'application pratique de ces principes et invite à un engagement profond et continu dans la foi chrétienne.

1. Synthèse des Enseignements

Melchisédek, figure centrale du livre, est un symbole puissant de la sagesse et de la justice divine. En tant que roi de Salem et prêtre de Dieu Très-Haut, il incarne un équilibre parfait entre ces deux valeurs. Son rôle transcende les simples fonctions sacerdotales et royales pour représenter une sagesse profonde et une justice universelle. L'œuvre de Christ réalise pleinement les valeurs de sagesse et de justice que Melchisédek préfigure. Jésus est la sagesse incarnée, apportant des enseignements qui réorientent la compréhension humaine des vérités spirituelles. Il incarne également la justice parfaite en offrant une réconciliation complète entre l'humanité et Dieu. Les croyants sont appelés à intégrer ces valeurs dans leur propre vie. Cela implique de rechercher la sagesse divine à travers la prière et l'étude des Écritures et d'agir avec justice dans leurs relations et engagements sociaux. En mettant en pratique la sagesse et la justice, les croyants peuvent transformer leur communauté, en reflétant les principes divins dans leurs actions quotidiennes et en œuvrant pour un monde plus équitable.

La sagesse de Melchisédek et celle de Christ offrent un guide pour discerner et vivre selon les vérités spirituelles profondes. La justice incarnée par ces figures divines nous appelle à promouvoir l'équité et à agir avec intégrité dans toutes les facettes de la vie. Les principes de sagesse et de justice doivent être au cœur de la pratique chrétienne, influençant la manière dont les croyants vivent et servent.

2. Vivre à la Lumière du Sacerdoce de Melchisédek

Pour vivre à la lumière du sacerdoce de Melchisédek, les croyants doivent chercher la sagesse divine dans leurs décisions quotidiennes. Cela inclut la prière régulière, l'étude approfondie des Écritures et la méditation sur les enseignements de Christ pour guider leurs choix et actions. La justice inspirée par Melchisédek et Christ doit se manifester dans la vie quotidienne. Cela signifie agir avec équité, défendre les opprimés, et faire preuve d'intégrité dans les relations personnelles et professionnelles. Les croyants sont appelés à être des agents de changement en promouvant la justice dans leur communauté.

Chaque croyant est invité à intégrer ces valeurs dans sa propre vie, en cherchant à être un reflet vivant de la sagesse et de la justice divines. Cela implique une vigilance constante et un engagement actif à vivre selon ces principes. Embrasser une vision où les principes du sacerdoce de Melchisédek transforment non seulement la vie personnelle mais aussi la communauté, apportant des changements positifs et promouvant une culture de justice et de sagesse. Vivre à la lumière du sacerdoce de Melchisédek demande une intégration consciente et active de la sagesse et de la justice dans la vie quotidienne, permettant ainsi de refléter pleinement les valeurs divines incarnées par Christ.

3. L'Appel à une Vie de Foi et de Service

L'appel à une vie de foi et de service commence par une imitation consciente de l'exemple de Jésus-Christ. Cela implique d'aligner ses pensées, ses actions et ses intentions avec les principes de sagesse et de justice que Christ a incarnés. Les croyants sont invités à développer une foi vivante qui se traduit par des actions concrètes et une éthique de vie inspirée par les enseignements de Jésus. Une foi authentique n'est pas seulement une croyance intérieure mais se manifeste également par des actions. Les croyants doivent nourrir leur foi à travers une relation personnelle avec Dieu, une participation active à la communauté chrétienne et un engagement à vivre les valeurs du sacerdoce de Melchisédek dans leur quotidien. Le sacerdoce de Melchisédek et l'exemple de Jésus nous rappellent l'importance du service. Les croyants sont appelés à servir les autres avec amour et compassion, en particulier ceux qui sont dans le besoin, les opprimés et les marginalisés. Cela peut inclure des actions telles que le bénévolat, le soutien aux initiatives caritatives et la participation à des projets de justice sociale. Le service peut également se manifester dans le cadre de ministères au sein de l'Église et des communautés locales. Les croyants sont encouragés à trouver des moyens de contribuer aux différents ministères qui servent à répondre aux besoins spirituels et matériels de la communauté. Cela peut inclure l'enseignement, la prédication, l'accueil, le mentorat et d'autres formes de soutien communautaire. Pour servir efficacement, il est essentiel de se former spirituellement et de développer des compétences qui permettent d'apporter une contribution significative. Cela peut inclure des études théologiques, des formations en leadership et des compétences pratiques pour mieux servir les besoins de la communauté. Les croyants sont appelés à se former en tant que mentors et leaders, en guidant les autres dans leur croissance spirituelle et leur engagement au service. Le leadership inspiré par les principes de Melchisédek implique de guider avec sagesse, compassion et justice, tout en encourageant les autres à suivre l'exemple de Christ.

Une vie de foi et de service inspirée par le sacerdoce de Melchisédek a le potentiel de transformer non seulement la vie personnelle des croyants mais aussi leur communauté et la société dans son ensemble. En incarnant les valeurs de sagesse et de justice, les croyants peuvent contribuer à créer un monde plus équitable et plus compatissant. L'appel à une vie de foi et de service est un engagement à long terme. Les croyants sont invités à poursuivre leur mission avec persévérance, en cherchant constamment à améliorer leurs actions et à répondre aux besoins changeants de leur communauté avec sagesse et justice.

4. Défis et Opportunités

Les croyants peuvent rencontrer des pressions sociales et culturelles qui entravent la mise en pratique des valeurs de sagesse et de justice. Dans un monde souvent caractérisé par l'injustice, la corruption et les priorités matérialistes, maintenir un engagement ferme envers ces principes peut être difficile. Les dilemmes éthiques peuvent survenir lorsque les valeurs chrétiennes entrent en conflit avec les normes et les attentes sociétales. Par exemple, prendre des positions morales fortes peut parfois isoler ou créer des tensions avec ceux qui ont des valeurs différentes. Les croyants peuvent aussi faire face à des limitations de ressources, qu'elles soient financières, temporelles ou humaines, ce qui peut compliquer leur capacité à servir efficacement et à mettre en pratique les valeurs de justice et de sagesse dans des actions concrètes. S’engager dans un service constant peut conduire à la fatigue et à l'épuisement, surtout lorsqu'il n'y a pas de soutien adéquat. Cela peut diminuer l'efficacité du service et la qualité de vie spirituelle.

Les défis offrent des opportunités pour renforcer la foi. Affronter les difficultés en restant fidèle aux principes divins peut accroître la résilience spirituelle et approfondir la relation avec Dieu. Les moments de lutte deviennent des occasions pour expérimenter la puissance et la provision de Dieu. Les défis permettent aux croyants de développer de nouvelles compétences et de renforcer leurs capacités. Par exemple, faire face à des conflits éthiques peut encourager le développement de compétences en résolution de conflits et en dialogue respectueux. Les limitations de ressources peuvent stimuler la créativité et l'innovation. Les croyants peuvent trouver des moyens nouveaux et efficaces de servir la communauté avec les ressources disponibles, encourageant des approches innovantes pour répondre aux besoins. Les défis offrent des occasions de développer des compétences en leadership et en gestion. En naviguant à travers des situations difficiles, les croyants peuvent apprendre à diriger avec sagesse, compassion et discernement, inspirant les autres à suivre leur exemple.

Créer et participer à des groupes de soutien au sein de la communauté chrétienne peut aider à partager les charges et à encourager le renouveau spirituel. La communauté peut offrir des ressources, des conseils et un soutien moral face aux défis. Investir dans la formation spirituelle et l'éducation peut préparer les croyants à affronter les défis de manière plus efficace. Cela peut inclure des formations sur la gestion du stress, l'éthique chrétienne, et des compétences de leadership. Prendre soin de soi est crucial pour maintenir un engagement durable. Il est important de trouver un équilibre entre service et repos, en veillant à ce que l'épuisement ne compromette pas la capacité à servir efficacement. Adopter une vision à long terme pour le service et la foi. Cela implique de voir les défis comme des opportunités de croissance plutôt que comme des obstacles insurmontables, et de maintenir un engagement constant à la lumière de la mission divine.

Cette section encourage les croyants à persévérer dans leur engagement à vivre selon les principes du sacerdoce de Melchisédek. Les défis, bien qu'inévitables, ne doivent pas détourner de l'objectif final d'incarner la sagesse et la justice divine. Les croyants sont invités à utiliser les défis comme des tremplins pour l'innovation et le renouveau, transformant les obstacles en opportunités pour une plus grande croissance spirituelle et un impact positif accru dans la communauté. Cette section met en lumière les défis auxquels les croyants peuvent être confrontés lorsqu'ils cherchent à vivre selon les valeurs du sacerdoce de Melchisédek, tout en soulignant les opportunités de croissance, de développement et d'impact positifs qui peuvent découler de ces défis.

5. Invitation à une Vie Inspirée

Les croyants sont invités à intégrer pleinement les valeurs de sagesse et de justice, incarnées par Melchisédek et réalisées en Christ, dans leur vie quotidienne. Cela nécessite une réflexion consciente sur la manière dont ces principes peuvent guider chaque décision, action et relation. L'appel est à prendre des initiatives concrètes qui reflètent ces valeurs, que ce soit en engageant des projets de service communautaire, en promouvant la justice sociale ou en cherchant à inspirer les autres par des actions exemplaires, chaque croyant peut contribuer positivement à la société. En vivant à la lumière du sacerdoce de Melchisédek, les croyants ont le potentiel de transformer non seulement leur propre vie mais aussi leur communauté. Cette transformation se manifeste par une amélioration des relations, une plus grande équité sociale et un environnement de soutien et de compassion. La vie inspirée par les principes du sacerdoce de Melchisédek vise à refléter l'exemple de Christ, apportant une lumière dans les ténèbres et un espoir dans les moments de désespoir. Les croyants sont appelés à être des témoins vivants de l'amour et de la justice divins.

Les lecteurs ici sont encouragés à examiner leur propre vie et à identifier des domaines où les valeurs de sagesse et de justice peuvent être davantage intégrées. Cela peut inclure la réévaluation de leurs priorités, de leurs objectifs et de leurs relations pour mieux aligner leurs actions avec les enseignements de Christ. La prière et la méditation sont essentielles pour discerner comment vivre ces principes au quotidien. Les croyants sont invités à demander la guidance divine pour renforcer leur engagement à vivre selon les valeurs du sacerdoce de Melchisédek.

Encourager les croyants à se rassembler en communautés engagées, où la sagesse et la justice sont des valeurs centrales. Ces communautés peuvent offrir un soutien mutuel, partager des ressources et collaborer sur des initiatives qui reflètent les principes divins. Travailler ensemble pour adresser les défis sociaux et éthiques dans la société, en utilisant les principes du sacerdoce de Melchisédek comme guide pour l'action collective et la réforme sociale. En intégrant ces principes dans la vie quotidienne et communautaire, les croyants peuvent espérer un impact durable et profond. Cette vision pour l'avenir inclut un monde où la sagesse et la justice de Dieu sont vécues de manière tangible, apportant transformation et espoir aux générations futures. Enfin, les croyants sont invités à poursuivre leur quête d'inspiration et d'engagement, en continuant à explorer comment les valeurs du sacerdoce de Melchisédek peuvent enrichir et transformer leur vie et leur communauté au fil du temps.

Le sacerdoce de Melchisédek, avec ses valeurs de sagesse et de justice, offre un modèle profond et inspirant pour la vie chrétienne. En explorant l'exemple de Melchisédek et son accomplissement en Jésus-Christ, nous avons vu comment ces principes transcendent le temps et influencent notre manière de vivre et de servir aujourd'hui. L'intégration de ces valeurs dans la vie quotidienne est à la fois un défi et une opportunité. Les croyants sont appelés à rechercher la sagesse divine, à promouvoir la justice et à vivre selon ces principes dans leurs relations personnelles et dans leur engagement communautaire.

Nous sommes invités à prendre des mesures concrètes pour appliquer les valeurs de sagesse et de justice dans notre propre vie. Cela inclut la réflexion sur nos actions et décisions, la recherche de la guidance divine et l'engagement dans des initiatives de service qui reflètent ces principes. L'appel est également à influencer positivement notre communauté en incarnant ces valeurs dans nos interactions et dans nos efforts pour la justice sociale. La transformation personnelle peut conduire à une transformation collective, créant des environnements plus justes et plus sages.

Encourageons-nous à continuer la réflexion personnelle sur la manière dont nous pouvons vivre à la lumière du sacerdoce de Melchisédek. Quelles sont les façons spécifiques dont nous pouvons intégrer la sagesse et la justice dans nos vies et nos communautés ? Regardons vers l'avenir avec une vision d'espoir et de transformation. En suivant l'exemple de Melchisédek et de Christ, nous avons la possibilité de contribuer à un monde où les valeurs divines sont pleinement incarnées. Que chaque croyant soit inspiré à vivre une vie de foi et de service, enrichie par les principes du sacerdoce de Melchisédek. Que cette vie soit marquée par un engagement profond envers la sagesse et la justice, offrant un témoignage puissant de la transformation divine dans le monde. L'exploration du sacerdoce de Melchisédek et son impact sur la vie chrétienne est un voyage continu. Nous sommes invités à poursuivre cette exploration, à approfondir notre compréhension et à vivre en accord avec ces principes, apportant une lumière et une espérance renouvelées dans notre monde.

Conclusion : Réflexions Finale sur le Sacerdoce de Melchisédek

Le sacerdoce de Melchisédek, en tant que figure biblique unique, offre une profondeur théologique et spirituelle qui continue de résonner dans la spiritualité chrétienne contemporaine. En récapitulant les principaux thèmes explorés au cours de ce livre, il est essentiel de saisir l'impact durable et les implications actuelles de ce modèle ancien sur la foi moderne.

Melchisédek, en tant que roi et prêtre, incarne une fusion unique de pouvoir spirituel et de leadership terrestre. Cette double fonction souligne l'unité entre le divin et l'humain, et invite les croyants à voir leur propre vocation spirituelle comme une intégration de ces dimensions. Jésus-Christ, comme prêtre selon l'ordre de Melchisédek, approfondit cette unité en établissant un pont entre Dieu et l'humanité. Le leadership de Melchisédek est marqué par le service plutôt que par la domination. Ce modèle de leadership serviteur inspire les leaders contemporains à guider avec humilité et compassion. La médiation de Melchisédek, en offrant des bénédictions et des sacrifices, rappelle aux croyants le rôle crucial de l'intercession et du soutien dans la vie spirituelle.

Le sacerdoce de Melchisédek invite les croyants à approfondir leur vie spirituelle à travers des pratiques de service, de médiation, et de bénédiction. L'intégration des principes de Melchisédek peut transformer la manière dont les croyants vivent leur foi au quotidien, les appelant à une pratique plus intentionnelle et plus enracinée dans les valeurs spirituelles profondes. Les principes du sacerdoce de Melchisédek offrent un cadre précieux pour le leadership spirituel, encouragé par une approche de service et d'intégrité. Les leaders spirituels sont invités à adopter une vision de leadership qui équilibre autorité et humilité, influençant positivement la communauté et inspirant une culture de soutien et de coopération. Le modèle de Melchisédek offre des perspectives pour aborder les défis contemporains en matière de spiritualité et d'engagement social. En réconciliant les principes du sacerdoce avec les réalités modernes, les croyants et les leaders peuvent trouver des solutions innovantes pour répondre aux besoins de la société tout en restant fidèles aux valeurs fondamentales du sacerdoce.

La compréhension du sacerdoce de Melchisédek continue d'évoluer à travers l'étude théologique et la réflexion spirituelle. Les chercheurs et les théologiens sont invités à approfondir cette compréhension, explorant davantage les implications de ce modèle pour la foi chrétienne et ses pratiques. Le sacerdoce de Melchisédek offre un appel à un renouveau spirituel, incitant les croyants à vivre une foi plus intégrée et authentique. En embrassant les principes de service, d'intercession, et de bénédiction, les croyants peuvent revitaliser leur engagement spirituel et leur contribution à la communauté. Enfin, le sacerdoce de Melchisédek inspire un engagement plus profond dans les initiatives de justice sociale et de mission. En suivant l'exemple de service et de médiation, les croyants peuvent jouer un rôle actif dans la transformation de la société, apportant des solutions spirituelles aux défis contemporains.

Le sacerdoce de Melchisédek reste une source inépuisable de sagesse spirituelle et de leadership pour les croyants d’aujourd’hui. En intégrant ses principes dans la vie quotidienne, le leadership, et l’engagement social, les chrétiens peuvent enrichir leur foi et répondre aux besoins du monde contemporain avec un esprit de service et de bénédiction. Le modèle de Melchisédek continue d'éclairer le chemin pour une spiritualité vivante et engagée, fidèle à ses racines tout en répondant aux défis de notre époque.

Bibliographie

1. « **Melchisédek : La figure et la fonction** » par **Michel Quesnel,** Éditions : Presses Universitaires de France (PUF), 1994.
2. « **Le Sacerdotalisme de Melchisédek** » par **Jean Daniélou,** Éditions : Desclée de Brouwer, 1954.
3. « **L'Épître aux Hébreux et la Tradition de Melchisédek** » par **Georges Ory,** Éditions : Editions du Cerf, 1962.
4. « **Melchisédek : Recherches et Réflexions** » par **Pierre Grelot,** Éditions : Editions du Seuil, 1985.
5. "**The Priesthood of Melchizedek in the New Testament**" par **Herman N. Ridderbos,** Éditions: Eerdmans Publishing Co., 1965.
6. « **Melchisédek dans l'Épître aux Hébreux** » par **Pierre-Marie Jossua,** Revue : *Revue Biblique*, vol. 90, no 4, 1983, pp. 569-591.
7. « **Le Sacerdoce de Melchisédek et la Tradition Juive** » par **Louis Finkelstein,** Revue : *Journal of Biblical Literature*, vol. 68, no 2, 1949, pp. 114-125.
8. « **La théologie du sacerdoce dans l'Antiquité chrétienne** » par **Jean-Paul Audet,** Éditions : Cerf, 1972.
9. « **Le Sacerdoce et les Anciens Testaments** » par **Yves-Marie Congar,** Éditions : Cerf, 1958.
10. « **Commentaire sur l'Épître aux Hébreux** » par **Théodore de Mopsueste,** Éditions : Sources Chrétiennes, 1998.
11. « **Le Livre des Jubilés »,** Traduction : Le Bible de Jérusalem, 2001.

MIX
Papier aus verantwortungsvollen Quellen
Paper from responsible sources
FSC® C105338

Printed by Books on Demand GmbH, Norderstedt / Germany